Munster

Stephen Lucius Gwynn

Writat

Cette édition publiée en 2023

ISBN : 9789357956130

Conception et réglage par
Alpha Editions
www.alphaedis.com
Courriel - info@alphaedis.com

originale. Toutes les marques ou numéros vus sont laissés intentionnellement pour préserver leur véritable forme.

Contenu

je

De nos jours, le meilleur moyen de se rendre à Munster est sans aucun doute la nouvelle route de Fishguard à Rosslare, sur laquelle le Great Western Railway a rouvert ce qui était autrefois la voie naturelle et facile entre l'Angleterre et l'Irlande. Les Normands, comme chacun le sait, rencontrèrent ici une avant-garde débarquant sur la côte de Wexford ; mais la force principale sous Strongbow remonta directement la rivière jusqu'à Waterford. De nombreux autres envahisseurs avant les Normands ont emprunté le même chemin : et il ne fait guère de doute que l'invasion pacifique du christianisme avait commencé dans cette région, ou que le sud-est de l'Irlande était déjà baptisé, avant que Patrick ne parte en mission. Plus tôt encore, les Milésiens (selon la théorie moderne) venaient de Grande-Bretagne, une race de guerriers entraînés à combattre à pied à la manière romaine avec l'épée et le javelot, et chassaient devant eux les combattants de chars qui tenaient alors la vaste plaine arrosée par les eaux. les trois grands fleuves qui se rejoignent dans le port de Waterford.

Pour un bon marin, le long voyage jusqu'à Cork, qui se termine par une remontée du magnifique havre et des « eaux agréables de la rivière Lee », est sans aucun doute à privilégier parmi toutes les autres routes. Mais la masse de l'humanité, et plus spécialement de la femme, aime le transport maritime à courte distance et le rail rapide, et son choix se porte de Fishguard à Rosslare. Vous entrez dans la province méridionale de l'Irlande par un viaduc qui mène des plaines de Wexford, que vous aurez parcourues pendant près d'une heure, à la rive gauche escarpée de la rivière Suir, face à la ville de Waterford. Le grand pont traverse les Barrow et Nore réunis ; Un demi-mille plus bas se trouve la jonction avec le Suir, et du train vous avez une vue magnifique sur le large bassin fait au confluent, noble entrée dans cette province aux belles eaux.

La course le long de la rivière est également magnifique. Les citoyens de Waterford leur ont construit des villas et des demeures prospères en face de vous le long de la rive sud, et à un mile au-dessous de la ville, sur une île, on voit un château des Fitz-Gerald, reconstruit récemment, mais comprenant les murs d'un lieu ancien. de force qui n'a jamais cessé d'être la demeure de ce fort clan normand-irlandais. C'est également de cette maison dont est issu un homme notable des derniers temps, Edward Fitz-Gerald, le traducteur d' *Omar Khayyam* . Son portrait, réalisé par Laurence, est accroché là, le représentant comme un garçon potelé et de bonne humeur.

La ville elle-même ne vous montrera peut-être qu'une ligne de lumières très pittoresque le long de sa grande longueur de quai : mais à la lumière du jour, vous pourrez distinguer le château bas et rond qui porte encore le nom de tour de Strongbow. Il reste des fragments des vieux murs et des bâtiments d'un grand intérêt antique : la cathédrale restaurée, l'abbaye franciscaine en ruine. Mais, dans l'ensemble, il est peu probable que vous vous arrêtiez à Waterford, avec Kerry et West Cork avant vous.

Permettez-moi cependant de parler un peu des choses que le touriste ordinaire visitant Munster passe dans sa hâte. La route de Rosslare à Killarney traverse la vallée du Suir dans la vallée de la Blackwater, contournant les montagnes de Comeragh : et je ne pense pas qu'on puisse contester que la Blackwater soit la plus belle des rivières irlandaises. Je l'ai vu à Mallow, à Fermoy, à Lismore et à Cappoquin, et partout c'est le même mais différent ; une chaîne de bassins longs et larges, mais toujours avec un débit rapide pour garder l'eau vivante et étincelante, et ils sont reliés entre eux par de grands rapides, assez profonds pour que le saumon puisse s'y coucher, la joie des pêcheurs : tandis que sur chaque rive se trouvent des collines pentes en retrait, richement boisées, du ruisseau et prairies au bord du ruisseau. La palme de la beauté appartient de droit à Lismore, où le duc de Devonshire a son grand château surplombant un célèbre étang : et en contrebas, du pont, on regarde le ruisseau et la vallée jusqu'à une vue lointaine et bleue entre les collines. Là-bas, là où le fleuve rencontre la mer, à Youghal, se trouve l'une des villes les plus pittoresques et les plus charmantes d'Irlande. Je l'ai vu d'abord à la lueur d'un long cortège de hautes torches qui éclairaient délicieusement les vieilles maisons aux façades à volutes et les jolis visages de jeunes filles et de femmes regardant par les fenêtres du premier étage : mais ce n'était pas peu. surprise pour moi, au cours de cette marche, de me retrouver sous une arcade au-dessus de laquelle s'élevait une haute tour en ardoises, entièrement équipée de meurtrières, et du sommet de laquelle (si seulement je l'avais su) des dispositions avaient été prises pour nous bombarder, moi et mes amis, cette nuit-là. . En plein jour, j'ai vu, quoique d'un coup d'œil précipité, la très belle église du XVe siècle encore intacte (par miracle) et encore utilisée pour le culte : l'attrait encore plus grand de la vieille maison de Sir Walter Raleigh, je ne l'ai jamais visité, mais j'espère que vous pourrez le faire. . Il y a un mûrier qui serait de sa plantation et un morceau de cheminée contre lequel il a presque certainement appuyé ses épaules alors qu'il était en train de porter un toast à ses mollets voyagés.

L'EAU NOIRE, À DROMANA

En empruntant cette ligne de chemin de fer, vous aurez sur votre droite les montagnes Comeragh et Knockmealdown qui séparent la vallée de la Blackwater de la vallée du Suir. Mais ce sera peut-être votre plaisir, et ce sera certainement votre profit, d'explorer également la vallée de Suir, qui sépare les Comeraghs de la masse éloignée de Slievenamon et, plus à l'ouest, s'incurve vers le nord à partir de la base des hautes chaînes de Galtee.

Je suis arrivé le dernier à Munster en automobile, conduisant de Kilkenny à Clonmel en passant par l'épaule sud de Slievenamon (Sliabh na m-Ban, les Montagnes des Sorcières), et un plus beau voyage ne pouvait être entrepris. Nous avons traversé de riches pâturages et labourages, gardant comme objectif ce dôme ombragé qui s'élevait de la plaine, jusqu'à ce que le col commence à se définir. Mais c'est lorsque nous avons franchi ou sommes en train de franchir le col que la vraie beauté a commencé. Slievenamon était à notre droite, bien boisée ; en face de nous, alors que nous courions vers le sud, se trouvaient les Comeraghs et une crête basse qui s'élevait entre elles et nous coulait le Suir. La vallée est plus large que celle de Blackwater, avec moins de ce qu'on peut appeler une forêt de fantaisie ; mais il peut assez bien tenir le coup ; et le quai de Clonmel, au bord de la rivière brillante et tourbillonnante, est aussi joli que le cœur peut le désirer.

De Clonmel à Lismore, une route vous mène au sommet de Knockmealdown (c'est-à-dire la colline de Maeldune), et ceux de mes compagnons qui ont emprunté cette route m'ont acclamé pendant le reste du voyage ; décrivant en phrases élogieuses toutes les gloires que j'avais manquées, le magnifique panorama depuis le sommet, puis la descente progressive vers un long vallon boisé sauvage dans la beauté tranquille et cultivée de Lismore.

Pourtant, si j'avais une automobile à Clonmel et une seule excursion d'une journée à faire, ce n'est pas vers le sud que j'irais. J'irais vers le nord, au cœur de Tipperary, à travers la Golden Vale qui s'étend à moitié dans l'ombre de la chaîne de Galtee, jusqu'à ce que j'arrive à la chose la plus digne d'être vue de toute l'Irlande, Cashel of the Kings.

Rien, je le répète, ne vaut mieux être vu, rien n'est moins souvent vu par le touriste ; car il se trouve hors de la piste. Le rocher de Cashel est une colline isolée et abrupte, fortement escarpée et s'élevant de la plaine qui s'étend de Slievenamon à Slieve Phelim, et comprend en fait les riches terres drainées par le Suir. Un tel endroit était inévitablement devenu une place forte et, dès ses premiers jours, la domination milésienne s'est concentrée ici. Pour Cashel, c'est Saint Patrick qui est venu convertir le roi de Munster, car Cashel était à la moitié sud de l'Irlande ce que Tara était au nord. C'était le cœur du Munster, d'où rayonnaient les principautés. Thomond, North Munster, s'en allait vers l'ouest jusqu'à Clare, à travers le Shannon ; *Ormond* , *Oir Mumhan* , East Munster, s'en éloignèrent vers Kilkenny et Eastern Tipperary ; Desmond, *Deas Mumhan* , le grand royaume du sud de Munster, comprenant Cork et Kerry, s'approcha de ses murs, car théoriquement la Haute Royauté de l'Irlande du Sud alternait entre Thomond et Desmond. Et plus au sud-est, à travers l'écart entre Slievenamon et les montagnes Comeragh, vous pouvez voir Waterford, qui en irlandais s'appelait Deisi, tombant dans Desmond en tant que seigneurie distincte.

Ce rocher est couronné d'édifices qui parlent de guerre et de paix, mais de paix plutôt que de guerre. Là se dresse intacte la chapelle de Cormac, le plus bel exemple de construction irlandaise de style pré-normand ; en plein cintre, solide, à toit en berceau, orné de bandeau en moulure en dents de chien. A côté se trouve la grande cathédrale construite par le seigneur O'Brien de Thomond, cathédrale et forteresse à la fois ; sans toit maintenant, démantelé et en ruine, mais à peine hors de portée de réparation, puisque le chœur a été utilisé comme cathédrale jusqu'à la fin du XVIIIe siècle. Puis un archevêque obtint une loi du Parlement l'autorisant à ouvrir le toit et à fournir un régiment de soldats pour exécuter les travaux. Les raisons invoquées par l'archevêque Price pour une telle entreprise ne semblent peut-être pas entièrement concluantes ; il aimait – en bon homme facile – conduire confortablement jusqu'à la porte de sa cathédrale, et aucun carrosse ni cheval ne pouvait facilement gravir le sentier sinueux qui monte le Rocher.

À côté de la cathédrale se trouve la haute Tour Ronde et, du côté nord du Rocher, de nombreux vestiges d'écoles chorales et d'autres bâtiments monastiques. Dans la plaine et dans la ville se trouvent d'autres monastères en ruine, mais pas entièrement dépouillés de leur splendeur ; et à quelques kilomètres de là, l'abbaye de Holycross et Athassel parlent de la richesse et de la culture qui ont été détruites dans cette riche terre de la Vallée d'Or.

Mais le Rocher lui-même, dressé là-haut, couronné d'un groupe de bâtiments qu'aucun autre haut lieu d'Irlande ne peut égaler, est le véritable objet du pèlerinage ; et la vue de là sur le Golden Vale, jusqu'aux nobles sommets et pinacles de Galtee au sud de vous, et la longue ligne ondulante des montagnes Comeragh qui s'étend continuellement à l'est d'elles le long de la vallée du Suir, est une perspective qui vaut la peine d'être longuement parcourue. Et ce n'est pas tout. Slievenamon s'élève en forme de dôme depuis la plaine orientale, un écart entre elle et les contreforts périphériques de Comeragh montrant où le Suir, dirigé vers le sud par Galteemore, trouve un chemin vers l'est jusqu'à la mer : et au nord, au-delà de la plaine, se trouve le la chaîne lointaine de Slievebloom, séparant Leinster du Shannon ; et plus près d'Athlone et du Shannon se trouvent les basses collines avec le Mors du Diable arraché de leur sommet.

II

Si je devais visiter Munster en automobile, ma disposition serait de partir de Waterford, de suivre la vallée du Suir jusqu'à Clonmel, puis de me diriger vers le nord jusqu'à Cashel et de le voir. Tous les monuments peuvent être vus en quelques heures, et aucune ruine ou édifice que j'ai jamais visité n'a un gardien aussi intelligent. De Cashel, j'irais à Holycross, ce vestige exquis de splendeur monastique, riche en souvenirs historiques, et de là je traverserais Tipperary vers le nord-ouest, en me dirigeant vers la brèche entre Keeper Mountain et les Mines d'Argent. Cela me ferait sortir de la Vallée d'Or, qui est en réalité la vallée du Suir, et dans le bassin d'un fleuve encore plus grand et plus célèbre, à son point le plus célèbre. Car à partir de cette brèche, la route descendrait vers le Shannon, dans la gorge étroite au-dessous du Lough Derg où tout son vaste volume d'eau se contracte jusqu'au gué et passe à Killaloe. Ici, si vous voulez, c'est la beauté : de longs niveaux paisibles au-dessus du barrage où le lac se jette imperceptiblement dans une large rivière ; en dessous, d'immenses rapides tourbillonnants, entrecoupés de bassins à saumons larges, lisses mais rapides, tout le long des douze milles de la rivière jusqu'à la tête du canal de marée à Limerick. Et ici aussi se trouvent des souvenirs historiques plus glorieux que ceux qui peuvent être égalés ailleurs en Irlande. C'est ici, à la sortie du lac, où se trouve un gué insoupçonné, que Sarsfield a traversé (mené par le rapparé, Galloping Hogan), lors du raid lorsqu'il s'est enfui de Limerick le long de la rive de Clare et ainsi jusqu'à ce gué, sur son une façon d'attendre sur les pentes de Keeper le train attendu par William. Sur votre route depuis Cashel, vous aurez passé près de Ballyneety, où lui et ses soldats ont surpris le convoi endormi et ont fait exploser les canons lourds en lambeaux épars - une splendide incursion, préludant magnifiquement à la résistance héroïque et réussie de Limerick au grand Hollandais.

Mais ici à Killaloe, et spécialement à ce gué au-dessus, où de grands travaux de terrassement marquent l'ancien fort de *Beul Boroimhe* , se trouvent des souvenirs plus honorés que ceux qui pèsent même sur le nom de Sarsfield. C'est ici qu'au Xe siècle Brian Boru, Brian du Tribut, construisit avec ses Dalcassiens de Claire la puissance qui apprit à résister aux Danois, dont les incursions de pillage menaçaient d'effacer complètement la civilisation de l'Europe du Nord. La première défaite d'importance qui leur fut infligée eut lieu à Sollohed dans le Golden Vale, près de Limerick Junction, où les forces de Thomond étaient dirigées par le frère de Brian, le roi Mahon. Mais c'était Brian qui, dans sa jeunesse, refusait de rejoindre Mahon dans sa soumission (par un pacte quelconque, même voilé) aux envahisseurs : c'était Brian qui les avait combattus dans une guérilla désespérée à travers les collines de Clare et le long des rives de la rivière Clare. Shannon, jusqu'à ce qu'il soit réduit à quinze hommes, et Mahon lui demanda dans la salle du conseil : « Où as-tu laissé tes partisans ? Et Brian répondit, comme le raconte le poème irlandais :

"Je les ai laissés aux étrangers
Après avoir été abattus, ô Mahon !
Dans les difficultés, ils m'ont suivi dans tous les champs,
Pas comme ton peuple."

C'est Brian qui, au sein de ce conseil, fit lancer un appel au clan Dalcais pour savoir s'il voulait la paix ou la guerre, et "La guerre", répondirent-ils, "et c'était la voix de centaines comme la voix d'un seul homme".

Les travaux commencés à Kincora furent achevés soixante ans plus tard à l'extérieur de Dublin lorsque la menace danoise fut finalement brisée et dissipée sur le rivage par Clontarf : et dans ce combat le vieux seigneur de Kincora, Brian du Tribut, alors Grand Roi de tous. L'Irlande tomba glorieusement à l'heure d'une victoire presque trop chèrement conquise.

Vous pouvez voir à Killaloe la petite église ancienne, construite quelque part au VIIIe ou IXe siècle, avec son toit en dalles de pierre, sous laquelle Brian adorait il y a plus de dix siècles. A côté se trouve la cathédrale construite par ses descendants et ornée de nobles arcades dans le riche style roman de l'architecture irlandaise indigène.

Il est probable, et même certain à mon avis, que la résidence la plus importante et la plus forte de Brian se trouvait là où se trouve encore le marché de Killaloe, au sommet des hauteurs vers lesquelles grimpent les rues depuis la rivière et les églises. Le fort du gué est appelé en irlandais *Beul Boroimhe* , c'est-à-dire la « Bouche du Tribut » : et on peut facilement comprendre d'où il tire son nom, car c'était là la position stratégique qui commandait tout le trafic depuis les longs tronçons navigables. du haut Shannon et de ses lacs jusqu'au canal de marée de Limerick. Ici il faut faire du portage, ici on peut payer un péage ; et pas seulement sur le trafic fluvial, mais sur tout le bétail qui descendait de Clare à Tipperary par ce gué le seul vraiment praticable.

CHÂTEAU DE BLARNEY

De Killaloe à Limerick, la route est agréable, le long de la vallée de plus en plus large qui est bloquée par Keeper au nord, mais dont les tendances s'ouvrent et s'élargissent vers l'ouest de Clare et la mer. Pourtant, pour comprendre la beauté et le charme de cette partie caractéristique du paysage irlandais, vous devriez descendre le ruisseau dans le bateau caractéristique de ces eaux, le long lit de camp actionné par une perche. Tirer sur les rapides avec ces embarcations est une sensation merveilleuse, et même par une journée froide de février, le tumulte de l'eau fouettée réchauffe le sang. Vous pouvez ainsi suivre le ruisseau jusqu'à ce qu'en dessous du pont Athlunkard vous atteigniez le long Lax Weir, qui garde dans son nom le souvenir des colons scandinaves (*lax* signifie saumon en norrois, aujourd'hui comme à l'époque) et le souvenir des premiers colons normands. dans l'étrange petite tour construite au milieu du barrage pour commander le passage, dès l'époque du roi Jean.

À Limerick même, le château du roi Jean, avec ses grandes tours arrondies, surplombe le pont du Traité brisé, où Sarsfield et ses hommes ont conclu un accord avec William pour la protection de la propriété et de la liberté religieuse des catholiques irlandais, puis ont pris le bateau pour la France - le premier de les Oies Sauvages, fondateurs de la Brigade Irlandaise, ne laissant d'autres gardiens que l'honneur et la justice pour faire respecter la sanction du traité, gardiens qui ne servaient à rien. On a beaucoup écrit sur le siège de Derry et sur l'éloge de ses héroïques défenseurs : mais on sait trop peu de choses sur la résistance de Limerick, lorsque l'officier français, que Jacques II avait laissé aux commandes, déclara que les murs pouvaient être abattus avec des pommes rôties. , et Sarsfield a répondu qu'ils devraient et doivent être défendus. On peut voir la marque des boulets de canon de William sur le vieux mur près de l'hôpital du couvent à l'est de la ville : des marques uniques sur le calcaire sombre ici et là, mais à l'angle du mur, là où se trouvait la batterie noire, et où une brèche a été faite, il reste encore des traces claires de l'assaut désespéré, dont les meilleures troupes de Guillaume, après s'être hébergées, furent finalement repoussées pêle-mêle.

De Limerick, le West Clare Railway (dont les caprices ont été rendus plus célèbres que je ne l'aurais jamais cru mériter) vous transportera à travers Ennis, en passant près du château de Bunratty, de l'abbaye de Quin et de nombreux autres lieux de renommée, jusqu'à la côte où Lahinch en offre un. des parcours de golf les plus populaires d'Irlande. C'est une côte sauvage balayée par les vents, des vagues sauvages battent sur la côte qui sépare Lahinch de Liscannor, et au nord de celle-ci se trouvent les grandes falaises de Moher. Lisdoonvarna se trouve à proximité, une station thermale très fréquentée par les Irlandais, plus particulièrement par le clergé irlandais. Mais le lieu préféré de tous ceux qui visitent cette partie du Munster est Kilkee, un petit point d'eau situé au-dessus de falaises abruptes sur lesquelles l'Atlantique se balance de tout son poids. Je ne connais aucun autre endroit dans l'ouest de l'Irlande où l'on puisse trouver des quartiers balnéaires décents dans un endroit qui rencontre toute la force et la splendeur de la mer. Et depuis la côte de Clare, à proximité, même par la fenêtre d'un wagon de chemin de fer, j'ai vu l'une des plus belles perspectives que l'œil puisse contempler. Au sud, à trente ou quarante milles de distance, la péninsule de Dingle s'étendait vers l'extérieur, avec l'immense masse de Brandon surgissant à l'improviste : mais au nord-ouest, je pouvais voir très clairement les trois hauteurs insulaires d'Aran, et à l'est d'elles tout le groupe de montagnes du Connemara, au-delà duquel encore une fois, jusqu'au Mayo, les formes de Mweelrea et de Croagh Patrick étaient sombres mais reconnaissables dans leurs contours.

La journée était d'une clarté étonnante, mais, comme cela arrive si souvent dans l'ouest de l'Irlande, sa clarté n'avait rien de dur : le bleu de l'Atlantique était profond et sombre, les formes des montagnes, aux lignes exquises, étaient revêtues d'une couleur qui avait une magie et un mystère. tous les leurs. La lumière du soleil à travers cet air chargé de saumure, à travers ces étendues piquantes de tourbières, n'est jamais grossièrement définie dans sa révélation ; il y a une touche de romantisme et de glamour dans le miroitement nacré de sa luminosité.

Clare a de nobles traditions : et personne ne devrait la visiter sans un pèlerinage au château de Carrigaholt sur l'estuaire du Shannon près de Kilrush ; car c'était la demeure ancestrale de cette branche des O'Briens qui rendit l'ancien nom illustre sur tous les champs sinistrés de l'Europe. Ils reçurent leur titre de vicomtes Clare de Charles II, mais après les guerres williamites, ils furent obtenus ; et depuis la mort de Sarsfield, c'était toujours un Lord Clare qui commandait la Brigade irlandaise, cette merveilleuse force de combat dont le principal terrain de recrutement se trouvait ici, dans le sud-ouest de l'Irlande. Deux Lords Clare trouvèrent la mort à la tête de leurs hommes, l'un à Massaglia en 1693 lorsque le prince Eugène fut battu : le second à Ramillies, où, dans le désastre général, la brigade irlandaise non seulement sauva ses propres couleurs, mais rapporta deux étendards britanniques. à Bruges. Le troisième et dernier comte, qui avait refusé la restitution de tous les domaines et titres s'il voulait seulement renoncer à sa religion, mena la charge immortelle à Fontenoy, lorsque les hommes bannis d'Irlande arrachèrent, dans un fait d'armes désespéré, une féroce vengeance pour les lois pénales qui avaient été imposées. leur laissait le choix entre l'exil et l'esclavage. Parmi tous les écrivains qui ont jamais traité de cette période de l'histoire, quelles que soient leurs prétentions, aucun n'a jamais écrit le nom de « Brigade de Claire », sauf avec honneur et admiration ; et aucun poète nationaliste n'a fait leur éloge avec autant d'éloquence que l'unioniste Miss Emily Lawless, dans deux poèmes frères. L'un des deux représente la veille de Fontenoy dans le camp des exilés et l'agitation sauvage dans les cœurs des hommes. "Le vent est violent cette nuit, et il semble souffler de Clare" - souffle avec un souvenir et une vision de tout ce qui reste, souffle avec une promesse de choses longtemps espérées, puisque "la brigade de Clare peut prétendre qui lui est propre » partout où le combat fait rage.

"Envoyez-nous, brises occidentales, notre part entière et légitime, Pour la foi, la maison, le pays et les foyers en ruine de Claire."

FERRYBANK, WATERFORD

Et le second raconte comment, au lendemain de la bataille, d'étranges embarcations avec d'étranges marins sans corps furent aperçues sur la côte occidentale, se dirigeant rapidement comme des oiseaux voyageurs vers Corcabascinn, cette baronnie de Clare la plus occidentale.

"Hommes de Corcabascinn, hommes de la brigade de Clare,
Écoutez, collines pierreuses de Clare, entendez la charge que nous avons lancée,
Voyez-nous nous rassembler, chantant du combat,
Retour à Corcabascinn dans la lumière du matin."

Pourtant, en vérité, il se peut que seuls les indigènes trouveront un charme particulier dans ce Corcabascinn orageux ou dans ses vents et ses eaux sauvages ; car il n'a ni beauté ni faveur, possédant plutôt la grandeur que la beauté. Les comtés du Munster qui séduisent tout être humain ayant des yeux dans la tête pour voir sont Cork et Kerry, mais Kerry avant tout.

III

Les inconvénients malheureux des voyages en mer empêchent la plupart des gens de visiter le comté de Cork dans les meilleures conditions. L'accès devrait se faire par bateau : et l'entrée de cette merveilleuse crique où les grands paquebots s'arrêtent pour enlever le courrier est sûrement la plus noble de toutes les portes d'entrée en Irlande. Tout le cercle de collines qui l'entoure est riche en végétation, mais surtout à l'est, près de Queenstown, se trouvent les bois les plus choisis et les plus variés. Tout y pousse et presque tout est fait pour grandir. La petite ville elle-même est pittoresque, gravissant la pente raide et dominée par la grande cathédrale de Pugin, qui se dresse sur le quai de débarquement, constituant un centre pour les dernières impressions et émotions de ceux-là, hélas ! combien de milliers chaque année – qui quittent l'Irlande.

Ce n'est plus aujourd'hui ce que je voyais au début des années 80, lorsque des paysans désespérés, brisés et à moitié affamés se déversaient dans un torrent épouvantable, simples débris sur le flot : l'émigration était alors de quatre-vingt mille par an, aujourd'hui c'est le cas. moins de la moitié de ce chiffre. Ceux qui partent aujourd'hui, raisonnablement équipés, se rendent pour la plupart chez des amis dans des villes dont ils ont tant entendu parler, où ils ont tant de parents et de connaissances, que le voyage ne semble guère être un exil, ni un voyage étranger. atterrir. Pourtant, même aujourd'hui, chaque train qui amène les émigrants laisse derrière lui, à travers l'Ouest, le Sud et les Midlands, son sillage de pleurs amers ; station après station, il s'est éteint au milieu des arrachements de mains serrées, des dernières étreintes rompues, des visages de vieillards se contractant, des visages de femmes convulsés de sanglots, et a accéléré son voyage en accompagnant cet affreux « vif » déchirant, l'Irlandais. gémissement, qu'on entend aujourd'hui plus souvent à bord du navire ou sur le quai de la voie ferrée que près de la tombe. « Och, les pauvres Irlandais doux », ai-je entendu dire cette année une femme en quittant une tribune à Cork ; en route, évidemment, vers une maison aux États-Unis, où elle avait vécu, sans doute pendant de nombreuses années, avec le Yankee au visage dur et fanfaron, qui l'accompagnait et qui regardait avec un mépris mal dissimulé les larmes et les émotions des « pauvres Irlandais doux » ; mais elle gardait au moins toujours une langue simple et un cœur bon.

De Queenstown jusqu'à Cork, il y a l'une des plus belles voies navigables du monde, de petites villes sur les deux rives sous les rives escarpées et boisées, et ici et là quelques vieux châteaux. Cork elle-même n'a peut-être pas de très grandes beautés architecturales, mais l'ensemble de la ville, étendu entre ses collines, divisé par les divers ruisseaux de cette charmante rivière, présente une beauté qui lui est propre : on la voit mieux depuis les hauteurs, au-dessus de le célèbre clocher où sont suspendues « les cloches du Shandon qui sonnent si grandiosement sur les eaux agréables de la rivière Lee ».

"Agréable" est le mot qui désigne Cork, le comté, et ses habitants à la voix douce et à la parole rapide, avec un étrange petit tour vers le haut à la fin de leur phrase. On l'appelait "l'Athènes de l'Irlande", mais je dirais plutôt la Naples : en tout cas, Cork a toujours envoyé bien plus que sa part de cerveaux. À l'époque du « Père Prout », auteur des « Cloches de Shandon » et d'autres chansons immortelles, Cork possédait une coterie régulière d'esprits, parmi les plus connus étant un Dowden, père ou grand-père de l'illustre homme de lettres qui est à -premier jour des lumières principales du Trinity College. Le défunt prévôt, le Dr Salmon, une sommité encore plus grande, venait également du comté du sud, ainsi qu'une demi-douzaine d'autres boursiers dont les noms sont assez familiers à tous en Irlande ; bien que certains, peut-être, aient enrichi la légende et la chronique plutôt que l'histoire, et survivent comme des bizarreries rappelées – après tout, ce n'est pas la survivance la moins adorable.

La côte sud de Cork, de Youghal à la rivière Kenmare, est le choix de l'Irlande pour les plaisanciers. La succession est infinie, depuis Cork elle-même avec tous ses petits ruisseaux et refuges, Carrigalo, Carrigaline et Ringabella, en passant par le port de Kinsale, les baies de Courtmacsherry et Clonakilty, Roscarbery, Glandore, et à l'ouest jusqu'à Baltimore et Roaring Water, au large duquel se trouve Cape Clear. . Puis, au-delà de Mizen Head, sur la rive ouest, se trouvent de plus grandes baies, des ports non pour les yachts, mais pour les marines : Dunmanus, Bantry et la rivière Kenmare, dont la rive nord appartient à Kerry, mais qui a certainement une frontière paradisiaque.

J'écris ce que j'ai vu dans la rivière Kenmare : tous ces ports du sud ne sont pour moi que des noms sur la carte, à l'exception de la petite baie pittoresque de Roscarbery et du long ruisseau sinueux de Baltimore, que je ne connais tous deux qu'en hiver. les montre, et les montre du pays. Pourtant, je me fais au moins une idée des habitants de Roscarbery à partir des croquis dessinés par les deux dames qui racontent les *expériences variées d'un RM irlandais* - bien que West Cork ait besoin d'être complété par la connaissance du Connemara, pour se rendre compte des scènes qu'ils ont vécues. esprit. Et de Baltimore, ou plutôt d'un kilomètre à l'extérieur, j'emporte l'image d'une congrégation se divisant après la messe en deux assemblées politiques rivales, et celle à laquelle je m'adressais était composée en grande partie de femmes portant le grand manteau noir, avec une cagoule noire donnant un air distinctif. cadre étrange au visage de celui qui le porte, qui est l'une des rares et précieuses reliques du costume traditionnel. On m'a dit de bonne autorité (quand je me lamentais moi-même) que si j'avais les femmes, j'aurais les voix, car West Cork était dans tous les domaines sous une gouvernance féminine. Mais je ne peux pas en témoigner.

Baltimore est l'une des plus grandes stations de pêche de l'Irlande, et la population de Cape Clear y vient pour la plupart des nécessités de la vie. Le long de cette côte, de nombreuses embarcations sont familières, mais un nom étrange plane sur l'une d'entre elles : les pêcheurs des environs de Dungarvan sont toujours connus sous le nom de « Turcs ». En 1631, des pirates algériens descendirent sur la ville de Baltimore, la mirent à sac et transportèrent une centaine de ses habitants en esclavage : et c'est un pêcheur de Dungarvan qui (sous menace de mort) pilotait les corsaires.

Toute cette côte avait de beaux avantages naturels pour la contrebande, qui n'étaient pas négligés autrefois : et on pourrait citer encore, me dit-on, certains endroits où l'on peut se procurer des cigares et des vins d'excellente qualité à un prix étonnamment modéré.

Kinsale est un plus grand havre, digne autrefois de rivaliser avec Cork ; et la ville là-bas parle de commerçants prospères, avec ses maisons pittoresques en ardoise, chacune ayant le petit bow-window que les marins du XVIIIe siècle semblent avoir spécialement affecté, et son terrain de boules très d'antan.

Clocher SHANDON, DEPUIS LA RIVIÈRE LEE

C'était ici le théâtre sur lequel l'Irlande vit se jouer un grand match, le dernier et perdant de la guerre d'O'Neill et d'O'Donnell contre les forces d'Elizabeth. Enfin, l'aide promise du continent était arrivée ; une flotte espagnole dirigée par Don Juan d'Aquila entra dans le port, s'empara et tint la ville, qui était assiégée par les Anglais (et les alliés irlandais) sous Mountjoy et Carew. O'Neill et O'Donnell, descendant du nord, tracèrent une ligne extérieure autour des assiégeants et, le 21 décembre, la bataille fut engagée. Tyrone aurait attendu sagement que le siège puisse être levé en coupant les communications anglaises et que les forces attaquent en marche. Mais Red Hugh a toujours eu du mal à attendre et a forcé l'attaque. La combinaison échoua, les Espagnols n'apportèrent aucune aide et Mountjoy repoussa les Ulstermen. D'Aquila se rendit en bons termes et O'Donnell, furieux, se rendit en Espagne pour se plaindre de son incompétence et faire pression pour une nouvelle expédition. Mais Elisabeth avait aussi ses agents en Espagne, et l'un d'eux lui rendait les services qu'on lui rendait librement à cette époque.

O'Donnell a bu une tasse empoisonnée à Simancas et en est mort, et les State Papers contiennent le récit de l'empoisonneur sur son propre exploit et sa demande d'un paiement approprié. Ce n'est qu'après cela que Carew fut capable d'écrire sur *Pacata Hibernia* , une Irlande où, en vérité, lui et les siens avaient créé un désert et l'appelaient paix. Eux-mêmes racontent comment, du rocher de Cashel à la baie de Dingle, la voix de l'homme ou le meuglement du bétail ne pouvait être entendu.

La plus belle de toutes les régions d'Irlande, ce pays de Desmond a le plus souffert de tous. Les soldats d'Elizabeth tentèrent ici, et faillirent réaliser, une extermination complète de la race indigène par l'épée et par la famine. Et quand, après des siècles, les gens se furent à nouveau multipliés et furent, selon le témoignage universel, gais même dans leurs haillons, la famine de 1847 s'abattit sur eux, et dans les horreurs les plus noires de cette époque, Skibbereen et West Cork atteignirent une terrible notoriété. Nulle part ailleurs, de tels tas de morts affamés et pestiférés n'ont défié tous les efforts, même pour les enterrer.

L'ombre de ces jours n'est pas encore entièrement disparue : mais l'étranger n'en verra que peu de choses, en suivant la célèbre route qui remonte la vallée de Lee jusqu'à Macroom (où se termine le chemin de fer), et ainsi passe Inchigeela et Ballingarry, passe Gouganebarra par Keimaneigh. , à travers les montagnes jusqu'à Bantry et Glengariff. Et ici, il faut faire des aveux. Je n'ai jamais vu ces célèbres beautés. Je n'ai suivi le Lee que jusqu'à Inchigeela où il se brise en une vingtaine de canaux entre de petites îles couvertes de chênes, de bouleaux et de noisetiers, un morceau de paysage fluvial dont je n'ai jamais vu l'équivalent. Et j'ai parcouru la route de Macroom à Killarney, le long de la rivière Sullane jusqu'à Ballyvourney, que des dizaines de milliers de personnes connaissent comme « la métropole de l'Irlande de langue irlandaise ». Car, comme par hasard, Cork seul, parmi les comtés les plus prospères, a conservé le parler irlandais, et l'a conservé sous une forme la moins modifiée par les simplifications modernes. L'irlandais est encore aujourd'hui la langue d'hommes et de femmes aisés et instruits. Mon hôte à Ballyvourney avait reçu son éducation à Paris, bien plus encore, avait vécu toute la guerre franco-prussienne et avait vu le monde plus que ce qui est donné à la plupart des hommes ; mais depuis de nombreuses années, il est de retour, une sorte de roi parmi son propre peuple, et un véritable dépositaire de l'ancienne érudition et des traditions des Gaëls. À Ballingeary, à quelques kilomètres de lui, fut fondée la première de ces « écoles d'été » où hommes et femmes, garçons et filles, de toutes sortes et de toutes conditions, et venus de nombreux coins du monde, s'unissent pour l'étude commune de la langue noble. dont des générations insouciantes avaient failli mourir. Cette colonie est désormais l'un des objets d'intérêt sur la route des carrosses, et les voyageurs, sinon les touristes, pourraient bien la trouver la plus intéressante de toutes.

Bantry est l'une des grandes stations navales, l'un des grands terrains de recrutement de la marine. Je l'ai vu, comme il faut le voir, depuis la mer. Il est également associé au souvenir d'un de ces échecs qui jalonnent le cours de l'histoire irlandaise comme de sinistres phares : ici Hoche avec une flotte destinée à débarquer en 1796, et ici la moitié de sa flotte est effectivement arrivée, sans personne pour le débarquer. opposez-vous à eux. Hoche était alors au faîte de sa puissance et de sa renommée, un idéaliste du premier mouvement républicain, animé de cette réelle passion de répandre la liberté que Napoléon était destiné à remplacer par une conception très différente. Mais Hoche et la moitié des navires furent poussés par la tempête loin de leur route, et ce fut Grouchy, le moteur lent, l'homme des hésitations, qui atteignit le but et, l'ayant atteint, ne parvint pas à agir. L'histoire repose sur des hasards étranges. Les réalisations de Humbert, deux ans plus tard, avec seulement une poignée d'hommes, alors que l'Angleterre avait une armée en Irlande, montrèrent sans conteste que Grouchy, même avec ce qu'il avait, aurait pu lancer un mouvement qui aurait chassé la puissance anglaise de l'Irlande. L'Irlande, du moins pendant un certain temps : et Wellington lui-même a raconté à quel point la chute de la puissance de la France, depuis les conflits dans la péninsule jusqu'au point culminant de Waterloo, a été assumée par les paysans irlandais catholiques non émancipés, qui formaient le même groupe. os et tendons de la lignée britannique.

Il se pourrait bien que tout allait pour le mieux dans le meilleur des mondes : qu'il valait mieux que l'Irlande, au lieu de se libérer avec l'aide de la France républicaine, contribue grandement à délivrer l'Europe de la menace de la France impériale – et à confiez-le aux tendres miséricordes de la Sainte-Alliance. Il faut pourtant la foi du philosophe de Voltaire pour croire que quelque chose aurait pu être pire pour l'Irlande que l'évolution historique qu'elle était en réalité destinée à subir.

Au-delà de Bantry se trouve Glengarriff, à propos de laquelle Thackeray a écrit qu '«une telle baie, si elle se trouvait sur les côtes anglaises, serait une merveille du monde». Je ne l'ai vu que sur le pont d'un bateau à vapeur, au milieu d'un nuage étouffant ; mais tout le monde confirme Thackeray. Castletown Beare, plus à l'ouest sur la rive nord de la baie de Bantry, j'ai vu, ainsi que le château de Dunboy, où se trouvait le siège de O'Sullivan Beare, seigneur de cette région, d'où, après la déroute de Kinsale, lui et son peuple s'enfuirent en corps, marchant vers le nord au milieu de terribles privations jusqu'à ce qu'ils traversèrent le Shannon et atteignirent finalement une certaine protection en Ulster. Mais les combattants d'O'Sullivan furent laissés dans le château sous la direction de leur capitaine MacGeoghegan, qui prolongea la résistance jusqu'au désespoir contre l'artillerie de Carew. Enfin blessé mortellement, il succomba en tentant d'atteindre le chargeur pour faire exploser tous, assaillants et défenseurs, très haut. Cela aurait été mieux pour la garnison s'il avait réussi, puisque Carew a pendu chacun d'entre eux. Voilà la ruine aujourd'hui, brisée et battue, debout dans un bosquet d'ilex sur un très beau promontoire.

Ce Château de Dunboy a donné son nom au célèbre roman de Froude *Les Deux Chefs de Dunboy* — un roman fondé sur des faits historiques — peut-être pas plus coloré dans le récit que dans les volumes du même auteur sur l'histoire de l'Irlande. Car ici, dans cette péninsule située entre la baie de Bantry et la rivière Kenmare, qui était le fief spécial des O'Sullivan, la loyauté du clan et le nom du clan ne se sont pas éteints. Ici comme ailleurs, les colons anglais ont été amenés comme seigneurs du pays, avec un pouvoir énorme sur les Irlandais indigènes, dont la loyauté était toujours envers le représentant de leurs anciens chefs. Les O'Sullivan étaient désormais les principaux chefs de file des vastes opérations de contrebande - et n'oublions pas qu'en vertu des lois adoptées par l'Angleterre pour écraser le commerce irlandais, la contrebande était presque le seul débouché pour le commerce irlandais. Si les Irlandais voulaient exporter la laine de leurs moutons, les peaux de leurs bœufs, la viande qu'ils salaient, tout ce trafic était interdit par la loi. De telles lois rendent la contrebande nécessaire et bénéfique, et les O'Sullivan au sud de la rivière Kenmare, comme les O'Connell sur sa rive nord, apportaient leurs cargaisons de vin, de tabac, de soie et de dentelles, et renvoyaient des navires chargés. avec de la laine. Avec ces cargaisons partait également cette autre contrebande, la fourniture d'officiers et d'hommes pour la brigade irlandaise. Le propriétaire-colon anglais était le représentant du droit anglais et le conflit entre lui et les O'Sullivan était certain. En 1754, Murtagh Oge O'Sullivan fusilla le Puxley de cette époque. Law fut sollicité par de grands efforts et, deux mois plus tard, O'Sullivan fut encerclé dans sa maison du village d'Eyeries et, après une résistance désespérée, chassé de celle-ci par le feu : il tenta de se frayer un chemin mais fut abattu. en s'échappant. Ce fut un grand jour pour la justice, et ils remorquèrent le corps d'O'Sullivan par une corde à l'arrière d'un navire royal jusqu'à Cork, où ils lui coupèrent la tête et la passèrent au-dessus de la porte de la ville.

ENTREE DU PORT DE CORK

La mémoire irlandaise garde avec vivacité le détail de tels événements, et vous pouvez trouver des hommes dans ce district pour vous raconter tout comme si cela s'était passé hier. J'ai tout entendu, même de seconde main, lors d'une navigation reliant la rivière Kenmare à Bantry, une nuit où la mer était tout en feu et où les bancs de maquereaux se précipitaient d'un côté et de l'autre faisaient des éclairs comme une roue de Catherine, et des marsouins ou des dauphins les suivaient. ils laissaient à la surface de longues traînées de lumière avec des étincelles soudaines partout où les grands poissons venaient se rouler. Au large, on entendait l'éclair récurrent du Bull Light, vers lequel se dirigent les navires en provenance d'Amérique ; et bien qu'il n'y ait pas de lune, je pouvais encore distinguer cet énorme rocher insulaire et sa voisine la vache. Le Calf, où se trouvait autrefois la lumière, est plus bas et se trouve à proximité de l'île Dursey - cette année-là, on en a beaucoup parlé, car un groupe de policiers qui avaient traversé pour percevoir les loyers des quelques insulaires, a été effectivement abandonné, car le Le bateau qu'ils avaient affrété les quitta, et tous les autres bateaux furent soudainement emportés.

Je pense, peut-être, que cette nuit a été plus belle sur la rivière Kenmare – sous un ciel illuminé d'étoiles – que même les jours ensoleillés ne l'avaient été ; mais rien d'autre en Irlande n'est plus parfait, à mon avis, que cette mer longue et étroite qui s'étend entre les deux péninsules montagneuses, et qui offre à l'intérieur la vue complète de ces montagnes plus élevées qui entourent les lacs de Killarney.

Sur la côte sud de la péninsule de Kenmare se trouve le célèbre siège de Lord Lansdowne, Derreen, entouré de rivières et de lacs et adossé à des montagnes. Derreen signifie la petite chênaie, et comme M. Cooke l'observe bien dans son *Murray* , les bois indigènes ici ont échappé à « la destruction générale » des arbres forestiers pour alimenter les fourneaux de fer de Sir William Petty, ancêtre de la famille Lansdowne. La plupart des forêts d'Irlande — et le Munster était couvert de bois sous le règne d'Elizabeth — furent ainsi dilapidées sans pitié, au cours du premier siècle de l'occupation anglaise, par des concessionnaires ou des acheteurs de terres confisquées, dont la seule idée était une exploitation sauvage de ce qui pouvait être immédiatement encaissé. Cependant, disons que les successeurs de Petty, entrant dans une grande partie de l'héritage Desmond et adoptant le nom de Desmond, Fitzmaurice, prirent une place élevée parmi cette noblesse irlandaise de ce dernier type. Ils n'étaient pas des absents mais des propriétaires fonciers ayant une certaine idée de ce qui était dû à leurs domaines et un sentiment envers le pays d'où ils tiraient leurs revenus, comme en témoigne le mieux leur étroite amitié avec Maria Edgeworth et Thomas Moore. Pourtant, c'est toujours à Bowood, dans le Wiltshire, que Miss Edgeworth et Moore ont connu le grand homme d'État whig et ses biens : ni le poète ni le romancier n'ont jamais pénétré jusqu'à Derreen.

S'ils l'avaient fait, ils auraient peut-être appris plus que jamais sur le plus grand Irlandais de leur époque, la plus grande puissance qui soit jamais sortie de l'Irlande purement celtique à l'époque moderne : pour Iveragh, la péninsule qui fait face à Derreen , était le lieu de naissance et la maison de Daniel O'Connell ; cela a donné le climat et l'environnement qui l'ont déterminé à ce qu'il était.

Je ne vais pas écrire grand-chose — car aucun écrit ne peut lui rendre justice — sur Iveragh, qui est limité au sud par la rivière Kenmare, au nord par la baie de Dingle, à l'ouest par l'océan Atlantique (avec les Skelligs au large). dans celui-ci), et à l'est par Magillicuddy's Reeks et les lacs de Killarney ; qui est donc situé dans la beauté, la majesté et la splendeur et a de l'intérêt et du charme à chaque détour de chaque route. Mais je vais écrire un peu sur Daniel O'Connell et son peuple, car il est stupide d'aller à Kerry et de ne rien savoir du plus grand Kerryman qui ait jamais vécu, seulement – d'abord, un peu de géographie pratique.

IV

Le train vous amènera à Kenmare, où la compagnie ferroviaire dispose d'un hôtel très confortable, dans le jardin duquel vous verrez la végétation subtropicale caractéristique que l'on peut produire sous ce climat: palmiers, yuccas, lin de Nouvelle-Zélande avec ses feuilles en forme d'épée, des bambous, et le reste, « tous nus en plein air » comme les déesses païennes des bosquets de Blarney. Depuis Kenmare, la route magnifiquement conçue, qui était une joie pour les hommes et les bêtes jusqu'à ce que de lourds autocars commencent à la détruire, longe la rive nord du Sea Lough et, à quelques kilomètres, traverse le Kerry Blackwater par le pont le plus pittoresque sur le plus beau un ruisseau dans lequel n'importe qui pourrait espérer jeter une mouche. Un peu plus loin se trouve Parknasilla, le grand hôtel qui a été construit à un point où la côte se divise en une série d'îlots boisés, avec des ponts qui les relient et des promenades sinueuses. eh bien, rien de plus joli. Ensuite, vous traversez Sneem pour entrer dans un pays plus ouvert et plus sauvage. En approchant de West Cove, se trouve sur votre droite le Fort Staigue, une grande structure circulaire en maçonnerie sèche, plus développée que les bâtiments similaires d'Aran, car elle comporte des chambres dans l'épaisseur du mur et des escaliers menant à des plates-formes de défense. De ce monument de la préhistoire, dont la date se mesure en milliers d'années, regardez sur votre gauche, où est en construction une autre construction en pierre, un grand hôpital destiné à bénéficier aux pauvres gens de ce quartier : la générosité d'une dame appartenant à à l'une des familles qui ont profité de la confiscation et ont perçu pendant trop longtemps des loyers d'absentéisme. On ne peut prédire quel sera le succès du projet : mais la beauté de son désir de restitution n'est pas la moindre parmi les beautés de la rivière Kenmare.

À West Cove, j'ai eu la chance de séjourner avec l'homme qui connaît l'ouest de l'Irlande dans sa vie actuelle et son histoire passée mieux peut-être que quiconque. Dans le grand terrain où les voitures s'arrêtent devant sa porte, de grandes plantes de lys Arum poussent et fleurissent, fleurissant abondamment au printemps. On raconte qu'à Valentia, un jardinier améliorateur les trouva trop abondants dans le jardin du chevalier de Kerry et planta les racines au-dessus des falaises ; mais quelques-uns s'accrochaient aux rebords, s'y attachaient et envoyaient des lys blancs dans les niches des rochers, tant cet air doux est doux.

Deux ou trois milles au-delà de West Cove se trouve le village de Caherdaniel et en dessous se trouve la baie de Darrynane, sur la rive de laquelle se trouve un petit hôtel assez simple, mais convivial ; couché parmi les pêcheurs irlandais qui se rassemblent un soir d'été pour danser sur le gazon croustillant qui recouvre le sable. A côté se trouve un petit bois, et dans le bois se trouve

Darrynane, un lieu de pèlerinage, car ici O'Connell a vécu et ici restent ses descendants. Le cas des O'Connell était typique. Chassés par Cromwell des terres fertiles de Limerick, ils s'enracinèrent dans les montagnes du Kerry et de Clare. Le constructeur de Darrynane, c'est-à-dire de l' habitation originale, était un certain Daniel ou Donal qui épousa une fille des O'Donoghues, un autre grand clan Kerry. Cette dame – Máire Dubh – était une mère féconde d'enfants : elle en a donné naissance à vingt-deux et en a amené douze à l'âge adulte ; mais elle était également remarquable en tant que poétesse de langue irlandaise. Son deuxième fils, Maurice, hérita de Darrynane et était connu dans tout le pays sous le nom de Hunting Cap O'Connell, car une taxe était imposée sur les chapeaux de castor, et à partir de ce jour, il ne porta plus que le bonnet de velours dans lequel il avait l'habitude de chasser. lièvre et renard sur les montagnes d'Iveragh. Daniel O'Connell, son neveu, était un grand adepte de ce sport, et j'ai parlé avec un homme qui avait chassé en sa compagnie. Et encore en automne, vous pouvez voir les busards busards sur ces collines et un homonyme et descendant de ceux-ci les saluer.

BAIE DE KENMARE, DEPUIS TEMPLENOE

Old Hunting Cap, en tant que chef de famille, joua un grand rôle dans la jeunesse de son neveu, assurant, semble-t-il, les dernières étapes de son éducation. Le premier était assez bon marché, car il fut élevé dans les montagnes, dans la cabane du troupeau de son père (ce lien de placement unissait l'Irlande catholique, douce et simple, avec une étrange intimité), et il reçut ses premières leçons dans l'un des les écoles de haie qui ont prospéré au mépris des lois pénales. Il n'était pas moins typique de l'Irlande catholique qu'il parte à l'étranger pour parfaire sa formation, ou qu'il ait un parent haut placé au service de la France. Le frère cadet de son père, le comte O'Connell, était le dernier colonel de la brigade irlandaise : et lorsqu'il fut consulté au sujet de l'endroit où envoyer ses neveux, en 1790, il se trouva très perplexe quant à la réponse, tant l'état de tous les habitants était troublé. Continent. Daniel et son frère Maurice furent d'abord envoyés chez les Jésuites de Saint-Omer ; ils étaient dressés à détester la révolution qui chassait leur oncle du service de la France : et bientôt le flot de troubles les chassa de Douay où ils s'étaient installés. A Calais, on apprend la nouvelle de l'exécution de Louis XVI : sur le bateau se trouvent deux passagers qui en parlent en témoins oculaires consentants. Ces hommes étaient des protestants irlandais, les frères Sheares, exécutés ensuite pour complot. Il est très remarquable que, bien que l'Irlande protestante, notamment en Ulster, ait été très affectée par les doctrines révolutionnaires et républicaines, celles-ci trouvèrent très peu d'écho dans la partie catholique de la nation – et aucun écho du tout parmi les survivants de la vieille noblesse catholique, tels que les O'Connell. Pourtant, lorsque le jeune O'Connell s'installa pour étudier au barreau de Londres, les mesures de répression sévères et le torysme violent de l'époque le poussèrent bientôt à la révolte. Il avait une véritable haine de l'oppression et des jeux déloyaux : plus tard dans sa vie, ce fervent catholique romain fut le plus ardent défenseur de l'égalité pour les Juifs.

Ce n'est cependant pas le lieu de parler ici de la carrière du grand orateur ou de ses triomphes. Pour ses propres gens du Kerry, il fut toujours « le Conseiller », le merveilleux avocat dont le génie était comme une épée flamboyante tirée pour le prisonnier terrifié. Aucun autre dirigeant irlandais n'a jamais été aussi proche du peuple ; ce n'est pas pour rien qu'il allaita le sein d'un paysan du Kerry et apprit à prononcer ses premiers mots en langue irlandaise. Pourtant, curieusement et assez pathétiquement, il était si peu « nationaliste » au sens moderne du terme qu'il accueillit et encouragea l'abandon croissant de la langue irlandaise ; toute diversité de langues lui paraissait odieuse, dans son cosmopolitisme du XVIIIe siècle. Mais aucun homme n'a jamais été plus amoureux de l'Irlande, ni plus dévoué à un seul coin de la terre que lui à son Darrynane. Il écrivit de lui-même à Walter Savage Landor qu'il « était né au son de la vague éternelle » et que son « enfance rêveuse nourrissait ses imaginations des gloires anciennes et depuis longtemps fanées de ce pays qui préserva le christianisme alors que le reste de notre époque l'Europe civilisée était enveloppée dans les ténèbres d'une ignorance impie".

« Peut-être, poursuivit-il, si je pouvais vous montrer la beauté calme et exquise de ces vastes baies et de ces promontoires de montagne, adoucie par le pâle clair de lune qui brille cette belle soirée, jusqu'à ce que tout ce qui pendant la journée était grand et terrible soit devenu. serein dans la tranquillité silencieuse de la nuit claire - peut-être admettriez-vous volontiers que l'homme qu'on a si souvent qualifié de féroce démagogue est en vérité un doux amoureux de la nature, un passionné de toutes ses beautés, amoureux de chaque douceur et de chaque morne. scène', et puisant dans la beauté ainsi que dans la tristesse de l'océan et des scènes alpines dont il est entouré, une plus grande ardeur pour procurer le bien de l'homme dans son admiration écrasante pour les puissantes œuvres de Dieu.

C'est ainsi qu'O'Connell pensait à Kerry ; et tandis que vous continuez votre route depuis Caherdaniel le long du haut col de Coomakista, qui vous amène à travers un épaulement de montagne depuis la vue sur la rivière Kenmare jusqu'à une perspective plus large plein ouest sur l'Atlantique - eh bien, vous aurez une idée de la sublimité qui il ressentait.

En contrebas se trouve le petit port vers lequel et à partir duquel les O'Connell exploitaient leurs embarcations de contrebande ; et vous pouvez discerner une étroite fente dans les rochers qui constitue un raccourci pour les bateaux à rames par temps calme. Un jour, disent-ils, un sloop de contrebandiers s'est arrêté dans le port et a soudainement aperçu un brick fiscal contournant le promontoire par le sud. Le vent soufflait sur le port. Il était impossible de s'échapper, et le sloop restait immobile et, selon toute apparence, inactif. Mais juste au moment où le poursuivant virait de bord et courait droit dans l'embouchure du port, une voile fut hissée sur le sloop, il commença à bouger, et en une minute ses flancs raclaient le petit passage, tandis que des hommes avec des balises le repoussaient de ceci et de cela. rocher englouti; et une minute plus tard, il était parti, toutes voiles dehors, avec une bonne demi-heure d'avance avant que le bateau fiscal puisse sortir du détroit pour le poursuivre.

MACGILLICUDDY'S REEKS

De Coomakista, la route descend abruptement jusqu'à Waterville, un lieu célèbre pour les pêcheurs, où une nouvelle ville s'est développée à l'embouchure du Lough Currane, car ici se trouve maintenant la principale gare des câbles transatlantiques. Le premier de ces câbles a été posé depuis l'île de Valentia, à environ dix milles plus au nord, en face de la ville de Cahirciveen, qui sera votre destination si vous avez l'intention de revenir par chemin de fer le long de la côte de la baie de Dingle. Mais je recommande à tous, automobilistes, cyclistes ou voyageurs à pied (s'il en reste un en ces jours dégénérés), une autre façon d'explorer Iveragh. Aussi, si la mer n'est pas votre ennemie, cela vaut la peine de séjourner à Waterville, où la mer ainsi que le lac offrent de grandes opportunités aux pêcheurs, et de tenter une expédition aux Skellig Rocks. Il faut du beau temps, car il est difficile d'atterrir sur ces endroits étonnants où les fous de Bassan sont les principaux habitants : forts volants, ils ne nichent nulle part entre cette pointe et Bass Rock en Écosse, pourtant vous pouvez les voir par dizaines partout le long de l'ouest. côte même pendant la saison de reproduction. Sur les Skelligs se trouvent de vieux escaliers en pierre d'une hauteur énorme, l'œuvre d'anciens moines anachorètes qui se sont établis ici dans des cellules en pierre en forme de ruche - encore intactes, pour que vous puissiez vous émerveiller devant les inconforts de la piété. Et dans les crevasses de ces rochers se reproduisent des oiseaux rares : le pétrel orageux, le puffin des îles, ainsi que des légions de macareux, guillemots, petits pingouins, cormorans huppés et autres. Mais n'y allez pas, même avec un léger vent d'est, car il souffle directement sur le lieu d'atterrissage rocheux ; et si le vent souffle du sud-ouest, la houle risque d'être trop forte, même du côté abrité. La nature est à grande échelle, un compagnon de jeu difficile, ici dans l'Atlantique.

Même vers l'arrière du Lough Currane, c'est une nature sauvage que vous devez rencontrer sur l'ancienne route de montagne menant à Killarney, que vous devriez emprunter par choix.

Ce chemin suit la vallée de la rivière Eany (mais vous pouvez prendre la route principale longeant le Lough Currane et tourner vers l'ouest vers cette même vallée au pont d'Owroe) jusqu'au col de *Bealach Oisin* (Ossian's Track) entre Coolee et Knocknagapple. À la crête, il faut être proche, à mille pieds d'altitude, et la vue sur la baie de Ballinskelligs avec l'Atlantique au-delà, vers laquelle l'œil est dirigé par un long fil de rivière sinueux entre les flancs escarpés des montagnes, est une perspective splendide. Une fois passé le cou, la mer, la rivière et les terres labourées disparaissent : on ne voit plus que bruyères, rochers et montagnes. A droite se trouve la haute crête qui constitue l'épine dorsale d'Iveragh : devant vous les Reeks remplissent le ciel oriental. Pas une seule maison n'est visible – et il y a très peu d'endroits en Irlande (tant la population est dispersée sur les terres les plus pauvres) d'où l'on ne puisse discerner une habitation humaine.

Quelques kilomètres plus bas vous amènent dans la vallée de la rivière Caragh qui coule des Loughs Reagh et Cloon et, après un parcours d'environ dix milles, pénètre dans le long et profond lac Caragh, d'où un autre court trajet l'amène à la mer. C'est la vallée qui s'étend à l'ouest des Reeks, et, pour ma part, je trouve cet aspect plus beau que tout ce que vous verrez à Killarney. Il y a un grand et nouvel hôtel à l'embouchure du lac Caragh sur la voie ferrée, très fréquenté maintenant : mais tout mon temps parmi ces collines et ces eaux a été consacré à une petite auberge de pêcheurs à l'ancienne mode, l'hôtel Glencar, au bord de la rivière. entre le pont Bealalaw et les rapides Lickeen. Ici, vous pouvez pêcher le saumon pour une somme modique dans l'une des meilleures eaux d'Irlande : le soir de mon arrivée cet été, ils sautaient partout dans le magnifique bassin de Long Range où le petit Caragh rejoint le ruisseau principal ; c'était un poisson rouge et laid, il fallait le posséder, car c'était en septembre et ils restaient là depuis juin sans frais pour les déplacer - mais il y avait quand même des saumons et en abondance . Ou vous pouvez pêcher gratuitement au Lough Acoose, aux sources du Caraghbeg, sous le flanc du Carrantuohil, avec de meilleures chances d'avoir un panier plein que partout ailleurs à ma connaissance. Les truites ne sont pas grosses nulle part dans le Kerry, mais à Acoose, elles atteignent une bonne taille de hareng, et l'homme qui les a pêchées le jour où j'étais à Glencar en a eu plus de deux douzaines – un sac habituel. Mon compagnon et moi étions allés plus loin, jusqu'aux sources du Caragh lui-même, jusqu'au grand anneau de montagnes à travers lequel le col de Bealachbeama vous laisse sortir du côté de Kenmare. Il n'y a pas grand chose à dire sur notre pêche, qui fut interrompue par le fait que notre bateau, fuyant comme une passoire, finit par sombrer alors que nous essayions de le ramener à terre, un bateau neuf aussi, qui ne demandait que quelques bonnes couches de peinture. Cependant le hasard qui nous chassa de Cloon, pendant que le bateau était en train de débarquer et de se vider, nous envoya traverser un mile de tourbière pour pêcher le lac supérieur depuis le rivage ; et quel lac ! situé juste sous le flanc escarpé d'une montagne presque escarpée, où les aigles se sont construits il y a un an ou deux, et sur trois parties de sa circonférence encerclé comme le cratère d'un volcan.

C'était une journée de vent sec, du nord au nord-est, et de lumières dures : il manquait dans l'ensemble l'enchantement magique de l'air d'ouest ; pourtant, par pure grandeur, je ne sais pas si toutes mes pérégrinations à la recherche de poissons en Irlande ont jamais pris moi à une si belle scène.

L'ÉCART DE DUNLOE, KILLARNEY

Ce petit hôtel, primitif dans son équipement mais très convivial, a ses attraits à offrir toute l'année, car la pêche au saumon commence sérieusement en février et pendant les mois d'hiver on pratique la chasse au gros (tétras, coq et bécassine), à avoir sur les grandes étendues de bruyère et ces larges ceintures de forêts indigènes qui poussent autour de la rivière dans son cours inférieur. De l'hôtel jusqu'au lac, votre chemin s'étend entre ces garrigues de chênes, de houx et de bouleaux et une eau à la fois rapide et profonde, où les bassins se succèdent, séparés les uns des autres uniquement par de forts rapides. Vous n'y avez pas de monopole : la rivière est pêchée sur les deux rives et peut être parcourue de part en part, même si cela nécessite un homme bon pour le faire ; mais c'est pratiquement une pêche gratuite et la meilleure pêche fluviale gratuite que je connaisse en Irlande - absolument un endroit idéal pour le vacancier qui n'insiste pas pour être près de la mer. Vous pouvez y parcourir à pied toutes les plus belles montagnes du Kerry puisqu'elles se trouvent en plein centre : et à l'ouest de vous se trouve Glenbeigh, une autre vallée où l'on peut trouver des quartiers décents au milieu d'un paysage du même type. Du même type – mais je ne peux pas croire que, nulle part dans le Kerry ou ailleurs, vous puissiez faire le même voyage qui m'a conduit de Glencar à ma prochaine étape à l'hôtel de Caragh Lake. C'était sans aucun doute un paysage intérieur, mais le souffle et la sensation de la mer se répandent sur tout ce cou d'Iveragh baigné par la mer, et cette vallée fluviale ne semblait rien de plus qu'une avenue à travers les collines menant à la porte de l'océan. Nous avons marché le long de la rive de la rivière, souvent à hauteur d'épaule dans les fougères, nous arrêtant souvent pour arracher les grappes de mûres, et nous avons étudié les étangs aménagés, ici parmi les arbres, là avec une pelouse ouverte des deux côtés et une lande qui s'étendait derrière. Au-dessous des rapides, nous avons pris le bateau et avons ramé pendant un mile ou plus à travers des tourbières plates, avec des groupes de sapins sylvestres, aux tiges violettes dans la lumière de l'après-midi, s'élevant de la rive de la rivière. Entre leurs troncs ou dans les brèches ouvertes, nous pouvions voir la masse pointue de Carrantuohil, s'élevant au sud-est, la lumière sur ses hautes crêtes, mais les vallées et les gouffres sur ses flancs plongés dans l'ombre. À mesure que nous approchions du lac, le terrain plat s'élargissait et de l'autre côté s'échappait l'odeur aromatique et piquante du myrte des tourbières, distincte comme l'odeur d'un champ de haricots, mais forte et tonique comme de la saumure. Ensuite, pendant une heure et demie, nous avons pagayé sur le lac entre montagne et montagne, serpentant promontoire après promontoire en vue de bief après bief du lac. Finalement, alors que nous entrions dans la vaste étendue nord – car notre route était plein nord – nous voyions toute la côte divisée en domaines, grands et petits, chacun avec son propre bois. L'hôtel se trouve le plus loin de tous, vers l'embouchure de la rivière, au nord-ouest, et celui qui a choisi cet emplacement mérite du crédit, car à travers les larges eaux brillantes s'élèvent tout le cercle de montagnes, Carrantuohil au sud-est, et toutes les autres hauteurs. qui se ferme dans la vallée derrière le lac Cloon et Bealachbeama s'étendant en éventail à travers l'horizon tandis que vous regardez depuis l'agréable terrasse où poussent des palmiers et des hortensias. Ce n'est pas aussi fini, ni aussi exquis que Killarney ; mais je devrais plutôt le choisir pour des vacances. Je me suis assis sur la terrasse pendant une heure ce dimanche-là et j'ai regardé le soleil disparaître sur Carrantuohil : tout était vert et olive lorsque nous nous sommes assis, car c'était une soirée assez froide et l'air était du nord ; mais les nuages s'étendaient sur les sommets, ou plutôt les capturaient par intermittence tandis qu'ils dérivaient en couronnes, de sorte qu'à aucun moment la montagne entière n'était visible. Mais peu à peu, à mesure que le soleil se couchait, ces couronnes devinrent touchées d'une lueur rose, et au-dessous d'elles, ce qui était vert olive prit de profondes teintes de pourpre cuivré, riche et brillant, le pourpre gagnant à mesure que la rose s'approfondissait sur la couronne de nuages ; et de plus en plus haut le rayon de lumière frappait, n'atteignant plus que les sommets les plus hauts, jusqu'à ce qu'il finisse par s'éteindre, et tout se trouvait devant comme dans un silence sombre attendant la tombée de la nuit.

Rien de ce que j'emporte de Killarney ne me hante avec la même plénitude de beauté, mais peut-être seulement parce que Killarney n'est la découverte de personne ; il n'a pas d'amant secret. Autant chercher à vanter le génie de Sarah Bernhardt ou le charme du style de Tennyson. Pourtant, je suppose que chacun discernera par lui-même une perfection passagère, une facette particulière de cette beauté - comme je me souviens en effet du vert merveilleux, ombragé et lucide de l'eau reflétant sombrement le banc de grands roseaux qui poussent à l'ouest de l'embarcadère vers lequel nous nous dirigeons. nous avons ramé après la pêche : et souvenez-vous aussi de la vue singulière du corps nu d'un homme, alors qu'il se tenait en équilibre avant de plonger pour se baigner, à quelques centaines de mètres de nous ; car le soleil bas attrapa sa silhouette, se détachant sur la longue ligne de feuillage sombre derrière lui, et en fit aussitôt le centre lumineux d'un magnifique paysage.

C'était sur le lac inférieur, de loin le plus grand des trois qui forment un croissant, entourant du sud au nord (à mesure que l'eau coule) le flanc oriental des Reeks.

Ma dernière visite m'a trouvé à l'hôtel Victoria où le lac est large et ouvert sur la Purple Mountain, un paysage noble : mais pour atteindre ce qu'est mon idée de Killarney proprement dit, vous devez traverser à la rame jusqu'au passage entre la charmante île d'Inisfallen et la rive est, atteignant ainsi la baie de Ross et une eau plus confinée, parsemée de rochers insulaires. Ici, les rives sont faites de ce calcaire particulier que le clapotis de l'eau creuse en d'innombrables recoins et fissures pittoresques, jusqu'à ce que le bord de l'eau ressemble à un cadre finement sculpté par quelque artisan patient ; et dans toutes ces fentes et crevasses, les fougères et autres herbes sauvages et belles poussent avec une profusion exquise. C'est ce qui fait, à mon avis, l'essence du charme de Killarney, cette richesse de détails complexes qui met en avant des paysages de montagnes et de lacs aussi audacieux et sauvages que n'importe quelle montagne peut en montrer. Ajoutez à cela la présence de feuillages inconnus, ici indigènes, exotiques partout ailleurs, notamment l'arbousier avec sa feuille sombre et brillante et sa tige vermeille, le plus bel de tous les arbustes ; l'if sombre aussi et le genévrier, mêlés à la croissance indigène du chêne et du bouleau, et pourtant, à travers tout, une plantation habile a mis en place tel et tel arbre étranger gracieux, telle et telle baie brillante. Il n'est pas étonnant qu'un tel endroit soit devenu l'un des plus grands centres touristiques du monde, surtout quand à ces beautés s'ajoutent la distinction et l'intérêt de belles ruines : le château de Ross où les O'Donoghue étaient seigneurs jusqu'à ce que les forces de Cromwell les chassent ; Inisfallen, où les moines pieux de Saint-Finian avaient leur abbaye pendant des siècles tranquilles. Et, dans l'état actuel des choses, Killarney est équipée pour le touriste comme aucun autre endroit en Irlande : toutes les excursions ont été pensées et planifiées, et votre hôtelier prendra toutes les dispositions nécessaires ; et la peste des mendiants n'est plus du tout la nuisance qu'elle était autrefois : une réforme bénie. Les bateliers ont appris à la perfection leur métier de cicerone et non seulement vous raconteront les histoires, les plaisanteries et les légendes habituelles du lieu si vous le désirez, mais ils auront également le tact de discriminer les personnes sérieuses, comme les pêcheurs, qui pourraient je ne veux probablement pas de cette forme de divertissement.

LAC MUCKROSS, KILLARNEY

Pourtant, c'est pour autant un endroit pour les touristes et, en tant que tel, n'appelle que mon hommage réticent. Mais le trajet de Killarney à Kenmare qui, en contournant Muckross et le lac supérieur, vous fait faire progressivement le tour de tout le croissant jusqu'à ce que vous montiez dans la Black Valley où le Gap of Dunloe fait irruption - eh bien, ce trajet, je dois le dire, a été assez interrompu. ma froideur : je ne suis pas devenu moins enthousiaste que le célèbre expert écossais en matière de pêche au saumon qui était du parti et a déclaré que tout était égal aux Trossachs – d'où je déduis que l'Écosse au moins n'a rien à montrer de plus juste. De plus, la pêche sur les lacs est gratuite et bonne ; il y a une chance de pêcher du saumon et les truites sont abondantes et de bonne taille. Autrement dit, dans les bons jours, ils devraient en moyenne peser une demi-livre, ce qui signifie qu'un poisson d'une livre n'est pas très rare, comme il le serait certainement à Glencar. Dans la ville de Killarney également, vous avez le meilleur niveau de mouche d'Irlande ; Beaucoup de mes amis dans le Donegal qui n'ont jamais vu Kerry pourraient jurer du travail de M. Courtney dans ce métier délicat, presque un art en soi.

Mais c'est tout ce que j'ai à dire sur "Le réflexe du ciel, Killarney".

V

Ma dernière visite à Kerry concernait une commission d'enquête sur la pêche qui nous emmenait en voiture dans des endroits hors des sentiers battus habituels ; et une grève des chemins de fer arriva pour compléter notre enquête sur l'ouest de Munster. Nous étions venus de Waterville, le long de l'épine dorsale de la péninsule, en traversant Bealach Oisin, de sorte que la route côtière qui longe la baie de Dingle ne m'est connue maintenant que par le souvenir lointain d'un trajet de quarante milles dans une longue voiture - que le le chemin de fer a été remplacé pendant de nombreuses années. Mais j'en ai retrouvé un peu le souvenir, en remontant le matin du lac Caragh à Killorglin, où nous tenions notre cour, à l'émissaire de la Lowne qui draine les lacs de Killarney. En face de nous, de l'autre côté de la baie, se trouvait cette autre région montagneuse de Corcaguiney, la péninsule de Dingle, qui diffère d'Iveragh en ce sens qu'à partir du point culminant des Reeks, l'Iveragh s'incline vers l'ouest par une déclinaison graduelle de pics et de crêtes ; tandis que Corcaguiney s'élève continuellement vers l'ouest et vers la mer jusqu'à atteindre son point culminant à Brandon Hill, s'élevant majestueusement de la limite même de la terre. Ainsi s'élève Mweelrea à l'embouchure de Killery, et j'imagine que par temps clair, du sommet de Brandon, vous verriez Mweelrea, et de Mweelrea encore une fois, vous pourriez distinguer le pic d'Errigal, à l'extrême nord du Donegal. Quoi qu'il en soit, j'ai connu un vieux monsieur qui m'a dit qu'il avait vu toute l'Irlande dans un seul champ de vision et qu'il prenait soit Mweelrea, soit Croagh Patrick comme centre du Midland et Errigal ou Brandon (ou les Reeks) comme ses deux centres. extrêmes.

Cette péninsule de Dingle est explorée par très peu de personnes, inexplorée par moi, hélas ! Je pouvais voir depuis la route la silhouette sombre de Cahirconree, un magnifique fort de pierre, construit à deux mille pieds d'altitude sur le flanc des montagnes Sliabh Mish : et au loin, à l'ouest, les îles Blasket étaient en vue, à peine plus accessibles que les Skelligs. , mais habité par une race de pêcheurs parlant irlandais, parmi lesquels un étudiant nordique des langues celtiques s'est installé l'autre jour et a été ravi de trouver une inscription sur pierre en caractères runiques, contenant l'esprit de son propre ancêtre scandinave, inscrit dans le norrois qui était parlé il y a mille ans et qu'il avait attendu dix siècles pour qu'il le déchiffre.

Sous Brandon, à l'extrême ouest de la péninsule, se trouve la baie de Smerwick, où, sous le règne d'Elizabeth, un petit détachement d'Espagnols débarqua et s'établit ; leurs travaux de terrassement à Fort del Oro (ainsi appelé parce que Frobisher y fit naufrage avec une cargaison de pyrites qu'il considérait comme de l'or) peuvent être facilement retracés. Kingsley dans *Westward Ho!* a traité, sans trop de fidélité, de l'histoire de cette entreprise qui s'est soldée par le massacre massif de combattants qui se sont rendus à discrétion – suggérant, de manière très indigne, que cet acte brutal était excusé par son effet dissuasif. Nous n'avons jamais entendu dire que cela avait empêché le débarquement à Kinsale quelques années plus tard. Il y a lieu d'espérer que Raleigh ait été accusé à tort de la perpétration réelle de cet acte noir. Mais en vérité, le chapitre le plus noir de toute l'histoire irlandaise est précisément celui qui traite des guerres Desmond sous Elizabeth, qui se sont terminées par la dévastation complète de cette belle province. Non loin de Tralee, ils vous montrent l'endroit où le dernier comte de Desmond a été capturé et, à peu de distance, le monticule rugueux qui marque sa tombe : et toujours, lorsque le gémissement du vent et des vagues se fait entendre sur cette campagne, ils l'appellent le Le gentil de Desmond.

PONT DE BRICKEEN, LAC INFÉRIEUR, KILLARNEY

Pour échapper à tout ce passé de barbarie civilisée, l'esprit se tourne volontiers vers des époques bien plus anciennes et bien moins barbares. Brandon garde le nom de la figure la plus pittoresque du long tableau des saints irlandais : St. Brendan, le Navigateur, né un peu à l'ouest de Tralee, à Barra, près du promontoire de Fenit, vers 484. Il fut baptisé par un évêque nommé Erc, dont le nom persiste encore à Termon Eirc, une ville. à trois milles au nord d'Ardfert : et un puits près d'Ardfert qui garde le nom de saint Brendan est encore un lieu de pèlerinage et d'ex-voto, plus spécialement le jour du saint. Sous la direction d'Erc, le garçon fut élevé, bien qu'il fasse une partie de sa scolarité à Killeady, le couvent où Sainte Ita avait établi sa maison religieuse près de Newcastle West, dans le comté de Limerick. Plus tard, Erc l'envoya voyager afin qu'il puisse « voir la vie de certains des saints pères d'Erin » ; et il se rendit au nord du Connacht, où l'école de Saint-Jarlath à

Tuam était déjà célèbre (comme le raconte avec une fierté naturelle l'archevêque Healy, qui siège aujourd'hui dans la chaire de Saint-Jarlath, dans son livre sur les *écoles anciennes et les érudits d'Irlande)* . que je pille, ce n'est pas la première fois). Il est allé plus au nord encore dans le Connacht et aurait établi une colonie de Kerrymen dans les plaines près de Castlebar ; mais il retourna à Kerry pour recevoir ses ordres sacerdotaux des mains de son précepteur Erc, maintenant proche de la mort.

"C'est probablement à cette époque", dit l'archevêque Healy, "que saint Brendan construisit son oratoire au sommet de la colline de Brandon", et là fut lancé le projet de traverser l'Atlantique à la recherche d'une terre promise . *-nan-Og* , le Pays des Jeunes. Car là-bas, au sommet de Brandon, un homme peut voir – même sans la vision de la foi – « plus de la moitié du sud de l'Irlande, montagnes et vallées, lacs et ruisseaux, plaines et villes, s'étendant au loin à l'est et au sud. se tourne toujours vers la mer vers le grand panorama présenté par l'océan ultime. Brendan depuis sa tour de guet

"Je l'ai vu dans toutes ses humeurs variées - mais surtout, au soir, lorsque le soleil couchant se dirigeait vers ses cavernes sous la mer et que la ligne de lumière le long de l'ouest brillant semblait une route vers les îles Fortunées où les chagrins de la terre ne entrez, et la paix et la beauté demeureront pour toujours. C'était une vague tradition du paradis perdu de l'homme, flottant au fil du temps, car avec une curieuse unanimité, les poètes et les sages de Grèce et de Rome parlaient de ces îles des Bienheureux comme étant situées quelque part. dans l'océan occidental. La même idée s'est imposée dès les premiers temps dans l'imagination celtique et se révèle dans de nombreux contes étranges, qui étaient extrêmement populaires, en particulier auprès des paysans de la côte occidentale. Brasail, une terre enchantée de joie et de beauté, est considérée avec une grande confiance par nos pêcheurs occidentaux. Elle est vue depuis Aran une fois tous les sept ans, comme Brendan la voyait autrefois, comme une ville féerique au bord de l'horizon lointain.

D'après les archives, Brendan n'était pas le premier à se lancer dans cette quête. Barinthus, un moine voisin, était parti vers la mer à la recherche d'un frère absent et l'avait trouvé dans l'île appelée "Délicieuse", d'où ils ont navigué encore plus à l'ouest et ont découvert d'autres merveilles. Mais en tout cas, aussi ému soit-il, Brendan ordonna à ses moines de jeûner avec lui quarante jours, puis en choisissant quatorze d'entre eux, il construisit un grand curragh, avec des nervures et une charpente de saule, recouvert de peau, et ainsi avec quarante jours de provisions ils partez sur la mer sans trace, en direction du « solstice d'été ».

Ce voyage dura sept ans : ils atteignirent île après île dans l'Atlantique, « suivant la direction de Dieu, nourris par sa Providence et protégés par sa puissance ». Enfin, dit-on, ils atteignirent le continent américain et trouvèrent que l'endroit où ils débarquèrent « était en effet un pays délicieux, regorgeant de tout pour satisfaire le palais et plaire aux yeux » ; et ils étaient sur le point de franchir le courant rapide et argenté qui les avait portés jusqu'au bord de cette terre, lorsqu'un ange se leva devant leur chemin et leur ordonna de rentrer chez eux, au lieu de se reposer pour jouir. C'est ainsi que Brendan le Navigateur revint en Irlande, l'Ulysse voyageur parmi les saints irlandais.

Qu'est-ce qui se cache derrière tout cela, qui sait exactement ? mais il est certain que ces habitants des confins de l'Europe ont toujours eu des rumeurs vagues mais glorieuses d'une terre au-delà de la mer – une terre en vérité que les épaves et les épaves, les noix et les herbes étranges, que le courant océanique jette de temps en temps sur leurs rivages. Et Dieu sait que ce peuple occidental, depuis que Colomb a réalisé ses promesses et fait de son imagination une connaissance sûre, a trouvé là-bas en Occident un havre, un refuge contre les misères dans lesquelles il est né. L'Amérique a été une réalisation étrange et souvent sinistre des Îles Fortunées – et pourtant, concevez l'histoire de l'Irlande au cours du siècle dernier sans l'Amérique sur laquelle s'appuyer, vers qui chercher de l'aide. Ses rues n'ont pas été pavées d'or, il n'y a pas eu de subsistance facile à gagner : pourtant, aux pêcheurs et aux agriculteurs, elle a offert la réalisation de leurs désirs, l'élargissement de leurs aspirations ; et la route que saint Brendan a tracée pour la première fois, bien qu'elle soit maintenant plus fréquentée qu'on pourrait le souhaiter, bien qu'elle conduise assez souvent à de malheureux naufrages, a néanmoins été pour l'Irlande une route bénie.

ÎLE SAINTE, LOUGH DERG

Aucun homme qui visite la côte atlantique de l'Irlande ne doit ressentir quelque chose de ce à quoi l'éloquence de l'archevêque Healy fait allusion : le sentiment d'une porte ouverte au-delà de la trace solaire à travers laquelle l'imagination est attirée vers son propre but. Il y a une influence apaisante et reposante de ces vastes espaces de l'ouest. Et même vers la terre, il vous suit. Nous avons traversé le cou de la péninsule de Dingle jusqu'à la jolie et prospère ville de Tralee, et tout l'est du Kerry se fondant dans Limerick s'étendait à notre droite, une vaste étendue de terre vallonnée bien divisée en champs à cultiver. Notre route se poursuivait toujours vers le nord-est jusqu'à Listowel, traversant l'étendue de terre qui sépare la baie de Tralee du large estuaire du Shannon ; tout autour de nous, le pays était spacieux, et pourtant bien habité, rempli de petites fermes soignées : il y avait beaucoup de trafic sur les routes, de chevaux et d'hommes, et d'ânes : j'y ai vu ce qui n'est pas commun, deux ânes conduits de front dans une petite charrette qui descendait très intelligemment une longue colline. Il y avait beaucoup de place pour les gens, et pourtant les gens étaient là – sur la terre, vivant près de la terre, avec le grand air de l'Atlantique qui soufflait sur eux. Le lendemain, comme les trains ne circulaient pas, nous avons dû nous rendre en moteur à Limerick, et nous avons simplement couru vers le nord jusqu'à la côte du Shannon à Tarbert et avons suivi la rivière jusqu'à Limerick sur une distance de quarante milles, tronçon par tronçon, une vaste mer. voie pour les bateaux, mais hélas ! pas de bateaux là-bas : à peine une voile sur les eaux ; bien que les cuirassés puissent se trouver à Foynes, à trente milles de Loop Head.

Il y a beaucoup de choses à faire sur cette route : Glin, où les chevaliers héréditaires de Glin, une émanation des Desmond Geraldines, se sont maintenus, pendant sept siècles, même à travers les « pacifications » du règne d'Elizabeth : Askeaton, de nombreux des kilomètres plus loin, siège principal de la principale lignée Desmond, et en Irlande, si riche en ruines, si pauvre en bâtiments ayant échappé à la destruction, il y a peu de ruines plus belles que le château Desmond et l'abbaye franciscaine. Encore plus près de Limerick, à Carrigagunnel, vous voyez le repère d'une autre puissance, car ce château a été construit par les O'Briens de Thomond et il se dressait contre Bunratty sur la rive de Clare, une autre grande forteresse. — Pourtant un simple catalogue est sans intérêt. , et il n'y a pas d'espace ici pour retracer les fortunes et les conflits imbriqués du noble normand, du chef irlandais et du soldat cromwellien.

Permettez-moi de me concentrer sur un endroit, un groupe de souvenirs. Au-dessus de la petite ville de Foynes se trouve une petite maison sur une colline, aujourd'hui joliment entourée de plantations d'arbustes et de fleurs ; c'était la maison d'une dame connue du peuple irlandais dans le pays et à l'étranger, pour son travail visant à améliorer le sort des passagers de direction sur les navires d'émigrants, et aussi pour ses écrits en prose et en vers ; mais mieux connu comme le véritable enfant d'un père notable, William Smith O'Brien, protestant, propriétaire, aristocrate, rebelle et criminel par la loi. Elle ressentait et aimait la beauté de l'Irlande – non seulement ce que l'on pourrait appeler la beauté des paysages d'endroits tels que Killarney, mais aussi la beauté spacieuse et essentielle de ces vallées fertiles et de ces vastes cieux.

« Les hommes vont et viennent le long de ce grand fleuve, écrit-elle, et la révélation de sa beauté ne leur est pas pleinement révélée, souvent pas du tout ; mais qu'on vive près de lui, c'est le plus bel endroit du monde entier. » .... Mais ce soir, ce n'était pas une beauté cachée. Je suis descendu au bord de la rivière le soir. Elle était pleine, la marée venait juste de passer le tournant et balayait la grande masse d'eau à une vitesse extraordinaire, et pourtant. , bien que la rivière tout entière se balançait à plusieurs kilomètres à l'heure, la surface était un miroir merveilleux. Les masses rougeoyantes d'ajoncs sur l'île, à un quart de mile de là, étaient si proches et si distinctes dans la vague qu'on pouvait presque s'étendre. une main pour les rassembler. Chaque nuage et chaque nuance de lumière et de couleur du ciel était à nouveau dans la rivière, mais bien plus intense à mes pieds et à vingt mètres de profondeur et de l'autre côté du canal se reflétait un nuage noir dense, son bord crénelé. se détachant nettement sur le reflet de la lumière argentée, bleue, grise et blanche intense s'étendant au loin vers l'ouest, je me tenais, comme le disaient les vieux livres, « en transe », et toujours la rivière balayait, et toujours les ajoncs et le merveilleux. le vert et la barre sombre des nuages étaient, pour ainsi dire, sous ma main, et les glorieuses « portes du Shannon », comme les élisabéthains appelaient ces Foynes, étaient ouvertes à la lumière du ciel au-delà de mon contact.

De la route juste au-delà de Foynes en direction de Limerick, vous verrez une colline ronde surmontée d'une ruine et des vestiges d'un cimetière. Là, dans le lieu de sépulture de son choix, très venteux, repose cette amoureuse de l'Irlande et du Shannon, Charlotte Grace O'Brien. Et pour terminer ce petit livre, moi, son proche parent, dont les principaux liens sont avec les autres provinces, je mettrai un autre passage de ses écrits, curieusement révélateur du Munster. Car derrière Knockpatrick, vous pouvez voir quelques kilomètres plus loin une autre colline basse qui est surmontée d'un monticule bien marqué, et sur le monticule une grande masse de maçonnerie brisée se dresse, "comme un poing noir serré poussé contre les cieux occidentaux". C'est Shanid, le bastion originel des Géraldines du sud : « Shanid aboo », était leur cri de guerre.

À cet endroit, Charlotte O'Brien, qui aimait à peine moins les fleurs que les autres êtres vivants, est venue chercher une plante rare, "le chardon de la Vierge Marie", "ainsi appelée parce que les feuilles sont toutes tachées et marbrées de taches blanches". , et la légende en faisait une plante sacrée portant à jamais des taches du lait de la Sainte Vierge".

"Effectivement", écrit-elle, "j'en ai trouvé une masse poussant ensemble uniquement sur l'exposition sud, sous la Grande Muraille. On dit maintenant que cette plante n'existe que comme espèce introduite dans les îles britanniques. Pour en tenir compte, donc , sur cette colline complètement solitaire et désolée, nous devons regarder en arrière à travers les siècles et voir la plante sacrée dans le jardin du monastère d'Askeaton – la première maison de Géraldine à Desmond. Nous devons réfléchir à la manière dont la graine a pu – en fait, doit – avoir été. porté jusqu'à cette tour de guet, peut-être par quelque fille aux cheveux longs des Géraldines, envoyée en sécurité dans la forteresse de la montagne. Il faut imaginer comment sa frêle croissance (seulement annuelle) s'est installée du côté abrité, il faut le voir génération après génération ; d'hommes balayés, le monastère démoli et profané, le nom de Desmond presque oublié, la grande race des Géraldines brisée et détruite : il faut voir le château presque imprenable réduit en morceaux et laissé comme un terrain de piétinement pour le bétail chauffé en été ; plus merveilleux que tout, nous devons réaliser que le temps a tellement passé qu'il ne nous reste aucune trace de cette grande chute et de cette grande destruction - rien - rien que quelques morceaux de mur de neuf pieds d'épaisseur, quelques monticules de terre et la plante sacrée. . Irlandais ! Quelle histoire nationale se cache dans une graine de cette plante ! »

Assez vrai! Et il est vrai que pour ressentir la vraie beauté de l'Irlande, de ses montagnes et de ses vallées, de ses champs et de ses eaux, il faut les voir à la lumière du passé comme du présent, informés par la connaissance et par l'amour.

9 789359 944982

Printed at Repro India Ltd.